BATJARGAL DAMDINJAV

300 MONGOLIAN WORDS

IN CONTEXT

(In English and Russian)

ULAANBAATAR

2021

INTRODUCTION

The book is intended for those who wants to find out how Mongolian language is used in context. Most books for Mongolian language learners are grammar-based and there are a few that teach spoken language. Learning language in a context is much easier since the learner can observe how the words are connected with each other and learn the sentence structure as well. In other words, it helps to learn not only vocabulary but see how the sentence is built in Mongolian. The author did not aim to teach most common Mongolian words but to teach the words and phrases which might come across more in everyday life.

Also the author provided translations of Mongolian sentences in English and Russian. Why Russian? Russian language is also spoken widely worldwide and is becoming more and more popular. Therefore, examples of the words and phrases with their translations in Russian will be helpful for those who studies or speaks Russian. The translations in both languages are done by the author who apologizes if the translations are not very precise. The words and expressions are not given in an alphabetical order but randomly.

I hope readers will give their comments and suggestions on the book! Thank you!

The author

1. **Нэр – Name; Имя**

   Түүний **нэр** их ховор нэр.

   Her **name** is a very rare one.

   Её **имя** – одно из очень редких имён.

2. **Тэд нар – They; Они**

   Тэд нар маргааш явна.

   They are leaving tomorrow.

   Они уедут завтра.

3. **Би – I, Я**

   Би багш.

   I am a teacher.

   Я – преподаватель.

4. **Ээж – Mother; Мама**

   Миний **ээж** настай хүн.

   My **mother** is an elderly person.

   Моя **мать** - пожилой человек.

5. **Аав – Father; Папа**

   Миний **аав** үр хүүхэддээ маш хайртай хүн байсан.

   My **father** loved his children very much.

Мой **папа** очень *любил своих детей.*

6. **Охин – Daughter, girl; Дочь, девочка**

   Би **охингүй**, гэвч гурван сайхан хүүтэй.

   I have no **daughter** but I have three beautiful sons.

   У меня нет **дочери**, зато у меня есть три прекрасные сыновья.

7. **Хүү – Son, boy; Сын, мальчик**

   Монголчууд "**Хүүтэй** бол охинтой" гэдэг.

   Mongolians say "If you have a **son**, then you'll have a daughter, too".

   Монголы говорят "Если у тебя есть **сын**, значит и дочка будет".

8. **Өдөр – Day; День**

   Би **өдрийн** цагаар гэртээ ганцаараа сууж ажлаа хийх дуртай.

   I love working at home alone during the **day**.

   Я люблю работать дома **днём** в одиночестве.

9. **Өвөл – Winter; Зима**

   Манай **өвөл** их хүйтэн.

   Winter in Mongolia is very cold.

   Зима у нас очень холодная.

10. **Бас – Also, as well; Тоже, также**

   Миний гадаад оюутан монгол хэл **бас** монгол хөгжимд дуртай.

   My foreign student loves Mongolian language **as well as** Mongolian music.

Мой иностранный студент любит монгольский язык, а **также** монгольскую музыку.

11. Гэр – Home, Mongolian dwelling; Дом, юрта

Би **гэртээ** ихэнх цагаа өнгөрөөдөг.

I spend most of my time at **home.**

Большую часть времени я провожу **дома.**

12. Хаяг – Address; Адрес

- Та надад гэрийн **хаягаа** өгөөч.

- Can you give me your home **address,** please?

- Дайте мне, пожалуйста, Ваш домашний **адрес.**

13. Ч – Even, and; Даже, и

а. Тэр англиар **ч**, оросоор **ч** чөлөөтэй ярьдаг.

He/She speaks English **and** Russian fluently.

Он/Она свободно владеет **и** английским **и** русским.

б. Түүнээс энэ тухай асуугаад **ч** хэрэггүй.

You should not **even** ask him/her about it.

Даже не следует спрашивать у него/у неё об этом.

14. Дээр – On/at; В, на

Ширээн **дээр** олон ном байна.

There are a lot of books **on** the table.

На столе много книг.

15. - х гэж байна – To be about to do something; Собираться что-то делать

Тэр сургууль руу **явах гэж байна**.

He /She is **about to go** to school.

Он/Она **собирается идти** в школу.

16. Бид – We; Мы

Бид энэ зун хөдөө явж сайхан амарсан.

This summer **we** had a wonderful holiday in the countryside.

Этим летом **мы** ездили в худон (провинцию) и очень хорошо отдохнули.

17. Гэхэд – When; Когда, в то время как

Түүнийг үг хэлэх **гэхэд** хүмүүс тасалдуулав.

People interrupted him **when/as** he **was going to** give a speech.

Люди прервали его, **когда** он собрался произности речь.

18. Гэсэн – Said; Сказал/сказала/сказали, говорят

Дүү маань маргааш айлд уригдсан **гэсэн**.

My younger sibling **said** he is invited to someone's place tomorrow.

Мой младший брат **сказал**, что завтра он приглашён в гости.

19. Гэтэл – But; Но, однако

Би найзтайгаа уулзахаар тохирсон **гэтэл** зав гарахгүй байв.

I was planning to meet my friend **but** the time didn't allow.

Я договорился с другом о встрече, **но** время не позволило.

20. Үгүй – No; Не, нет

Заримдаа хүнд **"үгүй"** гэж хэлж сур.

Learn to say sometimes **"No"** to others.

Учись иногда говорить **"нет"** другим.

21. Залуу – Young (adjective), guy; Молодой, парень

Хүн **залуу** насандаа уйгагүй хөдөлмөрлөх хэрэгтэй.

One should work hard when he/she is **young.**

Человек должен упорно трудится в **молодости.**

22. Тйим – Yes; Да

- Шинэ жилээр бүгд уулзана биз дээ? - **Тиймээ.**

- We are all meeting at New Year, right? - **Yes.**

- Мы все встречаемся на Новый Год, правда? – **Да.**

23. Л - Only, except /particle /; Кроме

Бүгд ирсэн байхад Бат **л** ирээгүй байлаа.

Everyone was present **except** Bat.

Все, **кроме** Бата, присутствовали.

24. Нь – His/Her/Their; Его, Её, Ихний

Тэр хөдөөнийх. Ээж аав **нь** хөдөө амьдардаг.

She is from the countryside. **Her** parents live in the countryside.

Она из провинции. **Её** родители живут в провинции.

25. Их – A lot; Много, множество

Хуриманд **их** олон хүн ирсэн байлаа.

A lot of people have arrived at the wedding.

Много/множество гостей присутствовало на свадьбе.

26. Бага – A few, little; Немного, мало

- Надад цаг хугацаа **бага** байна, хурдан явъя.

- I have a **little** time, let's hurry.

- У меня **мало** времени, идём скорее!

27. Гээд – Saying (that)………; Сказав, напомнив

- Хичээлдээ хоцров оо **гээд** ээж гараад явав.

- Mother left **saying** "Don't be late for the classes".

- Мама ушла, **сказав** мне, "Не опоздай на уроки".

28. Дор – Under; Под

Зуны халуунд модон **дор** сууж амрах сайхан.

It's so nice to relax **under** the tree in a hot summer day.

Это такая благодать отдыхать **под** деревом в летнюю жару.

29. Байтал – When he/she was about doing something; Собираться + глагол; в то время как

Тэр намайг гарах гэж **байтал** ирэв.

She arrived when I **was about to** leave.

Она пришла **в тот момент**, когда я собиралась выходить.

30. Май!– **Here you are!** Держи!, На!

- **Май**, энэ мөнгөөр ном ав.

- **Here is** the money to buy a book.

- **Держи!** Это деньги на книги.

31. Аз болоход – **Fortunately, luckily;** К счастью

Аз болоход би сайн хүүхдүүдтэй.

Luckily, I have good children.

К счастью, у меня хорошие дети.

32. Хүртэл – **Until/even;** Даже, до + время

а. Чи **хүртэл** энд ирээ юу?

Even you came here?

Даже ты пришёл сюда?

б. Дэлгүүрүүд баярын өдрүүдээр орой найм **хүртэл** ажиллана.

Shops are open **until** 8 pm during the holidays.

Магазины будут работать **до** восьми вечера в праздники.

33. Хөгшин – **Old;** Старый

Хөгшин хүмүүст хүүхдүүдийнх нь хайр халамж маш хэрэгтэй.

The old need a lot of love and care from their children.

Старые люди очень нуждаются в заботе и любви со стороны своих детей.

34. Гэнэт – Suddenly; Неожиданно

Тэр **гэнэт** инээв.

She suddenly **laughed.**

Она **неожиданно** засмеялась.

35. Гэнэ ээ – I heard that /It's said that; слышал/говорят

Багш удахгүй ирэх **гэнэ ээ.**

I heard /They said the teacher will come soon.

Я **слышал/Говорят,** учитель скоро приедет/придёт.

36. Тийм ээ – Yes, yeah; Да, так

- Чи шалгалтандаа сайн бэлдэнэ биз дээ?

- **Тийм ээ,** тэгнэ.

- Make sure to prepare well for the exam, OK?

- **Yes,** I will.

- Ты будешь хорошо готовится к экзаменам, верно?

- **Да,** конечно.

37. Бүгдийг – Everything, everyone; Все, всё

Тэр юм **бүгдийг** мэддэг!

He/She knows **everything**!

Он/Она **всё** знает!

38. Тэгье – Let us …/OK; Давай, хорошо

- Хоёулаа явж гоё кино үзэх үү?

- **Тэгье.**

- Shall we watch a nice movie at the cinema?

- **OK.**

- Пойдём смотреть интересное кино в кинотеатре?

- **Давай!**

39. Шиг – Like something OR someone, similar; Похож, как

Тэмцээний оролцогч нэрт дуучин **шиг** дууллаа.

The contest participant sang **like** a famous singer.

Участник конкурса исполнил песню **как** знаменитый певец.

40. Чадах/чадахгүй- To be able/not to be able; Мочь, быть способным

Чи энэ ажлыг хийж **чадах, чадахгүйгээ** хэлээрэй.

Let me know whether you **can** do this work.

Дай мне знать, **сможешь** ли справится с этой работой.

41. Нэг удаа – Once; Однажды, раз

Би **нэг удаа** энэ хүнтэй тааралдаж байсан юм байна.

I **once** came across this person.

Я **однажды** встретила этого человека.

42. Гадна – Outside; түүнээс гадна – Besides; Кроме того, снаружи

Тэр хэд хэдэн хэл мэддэгээс **гадна** бас сайхан дуулдаг.

Besides speaking several languages she also sings very well.

Кроме знания нескольких языков, она ещё поёт очень хорошо.

43. Ямар шүү – What sort of/ What it, he, she is like?; Какой он, она? Что он /она представляет из себя?

- Түүний нөхөр **ямар /ямар шүү** хүн бэ?

- What is her husband **like**?

- **Какой** человек её муж?

44. Маань – Mine, my ; Моя, мой итд

Ээж **маань** их өндөр настай хүн.

My mum is a very old person.

Моя мама – очень пожилой человек.

45. Бололтой – It seems that; probably; Кажется что ...., видимо

Энэ жилийн өвөл их хүйтэн болох **бололтой**.

It seems that/Probably this winter is going to be very cold.

Видимо, эта зима будет довольно холодной.

46. Гараг - Weekday; День недели

Монгол хэлэнд долоон хоногийн **гарагууд** хэдэн хэдэн нэршилтэй байдаг.

Weekdays in Mongolian have several names.

Дни недели в монгольском языке имеют несколько названий.

47. Олон – Many, plenty of; Много

Би амьдралдаа **олон** сайхан шавьтай байсан.

I have had **many** wonderful students in my life.

У меня было **много** замечательных студентов.

48. Дундаж – Average; Средний, -яя, ее, ие

Сүүлийн үед цаг агаарын **дундаж** хэм Улаанбаатарт хасах арван тав байна.

Recently the **average** weather temperature in Ulaanbaatar is minus fifteen.

Средняя температура воздуха в Улаанбаатаре в последние дни – минус

пятнадцать градусов.

49. Аливаа – Any; Любой, какой-либо

Аливаа асуудалд нухацтай хандаж сур.

Learn to take a serious attitude to **any** issue.

Необходимо учиться серьёзно относиться к **любому** вопросу.

50. Ерөнхий – General, common; Главный, общий

Манай хүү компанийхаа **ерөнхий** захирал хийдэг.

My son is a **General** Director of his company.

Мой сын – **Генеральный** директор своей компании.

51. Ээж нь – His/Her mum, me referring to my child; Я /ваша мама/

- **Ээж нь** хүүхдүүддээ хоол хийж өгье.

- I'll cook for you (**my children**).

- Я приготовлю вам еду, **мои дети.**

52. Амархан – Easy/Easily; Легко

Зарим хүмүүс гадаад хэл сурах нь **амархан** гэж боддог.

Some people think that learning a foreign language is **easy**.

Некоторые /люди/ считают, что изучение или овладение иностранным **легко**.

53. Хүүхэд – Child; Ребёнок, дитя

Би гурван сайхан **хүүхэдтэй.**

I have three beautiful **children**.

У меня трое прекрасных **детей.**

54. Дутагдах – Lack of, shortage; Недостаток, недостача, нехватка

Одоо манайд чадалтай боловсон хүчин **дутагдаж байна.**

There is a **shortage** of qualified personnel now in Mongolia.

Сейчас ощущается **нехватка** квалифицированных кадров у нас.

55. Байж мэднэ – Might be; Возможно, может быть

Тэр энэ талаар их мэдлэгтэй. Тэр судлаач **байж мэднэ.**

He is very knowledgeable in this field. He **might be** a researcher.

Он очень много знает в этой области. Возможно он **исследователь.**

56. Ямар ч гэсэн – Somehow; Как бы то ни было

Бид **ямар ч гэсэн** ажлаа амжуулав.

We have **somehow** managed to complete our job.

Как бы то ни было, нам удалось справится с нашей работой.

57. Жишээ – Example; Пример

Багш хичээлийг олон **жишээгээр** тайлбарлав.

The teacher delivered the lesson by giving a lot of **examples.**

Преподаватель объяснил урок, приведя много **примеров.**

58. Тэгэхэд – Then, at that time; В то время

Би багадаа ээж аавтайгаа гадаадад амьдарч байлаа. **Тэгэхэд** би хэд хэдэн

сайхан найзтай болсон.

In my childhood I lived abroad with my parents. **At that time** I made some nice

friends.

В детстве я жила с родителями за границей. **В то время** я приобрела несколько

хороших друзей.

59. Мөнгө – Money; Деньги

Мөнгө хүний амьдралд чухал ч гол зүйл биш.

Money is important in one's life but it isn't the main thing.

Деньги играют важную роль, но они не самое главное в жизни человека.

60. Тэс өөр – Completely different; Совершенно разный

Нэг эцэг эхээс төрсөн хүүхдүүд хүртэл **тэс өөр** ааш араншинтай байдаг.

Even children born to the same parents have **very different** personalities.

Даже дети, родившиеся от одних же родителей, бывает отличаются **совсем** разным друг от друга характером.

61. Байн байн – **Repeatedly, keep**; Всё время, постоянно

Тэр галт тэргэнд суухдаа **байн байн** эргэж харсаар орлоо.

As he boarded the train, he **kept** looking back.

Садясь в поезд, он **всё время** оглядывался назад.

62. Улмаар – **Moreover**; Более того;

Миний шавь их сургуулиа амжилттай төгсөөд **улмаар** магистрийн сургалтад элссэн.

My student had successfully graduated from the university; and, **moreover**, she enrolled in master's program.

Моя студентка успешно закончила университет, **более того** она поступила учиться в магистантуру.

63. Аятайхан – **Pleasant, pleasantly**; Приятный/-ая/-ие

Аятайхан хүмүүстэй ярилцахад сэтгэл сэргэдэг.

Talking with **pleasant** people is uplifting.

Общение с **приятными** людьми поднимает ваш дух.

64. Ажилгүйдэл - **Unemployment**; Безработица

Одоо энэ хэцүү цаг үед **ажилгүйдэл** улам өсөх нь ойлгомжтой.

It's obvious that **unemployment** will increase in this difficult time.

Это ясно, что **безработица** возрастёт в это нелёгкое время.

65. Хугацаа – Period of time; Время

Цаг хугацаа таныг хүлээхгүй учраас одоо *л* хичээ.

Time won't wait for you so you need to do your best now.

Вы должны приложить все усилия сейчас, так как **время** Вас не будеть ждать.

66. Хэд хэдэн – Several; Несколько

Миний зээ дүү нар **хэд хэдэн** гадаад хэл мэддэг.

My nephews and nieces speak **several** foreign languages.

Мои племянницы и племянники владеют **несколькими** иностранными

языками.

67. Боловч – But; Однако, но

Би ачтайгаа байх дуртай **боловч** заримдаа жаахан ядардаг.

I like having my grandson at my home **but** sometimes I get a bit tired.

Я люблю проводить время со своим внуком, **но** иногда я немного устаю.

68. Тэгээд – Then; Потом, после этого

Би ач хүүгээ хооллож унтуулна. **Тэгээд** сууж ажлаа хийнэ.

I feed my grandson and put him to bed. **Then** I sit at the table and do my work.

Я кормлю своего внука и укладываю его спать. **Потом** сажусь за компьютер и

занимаюсь своим делом.

69. Тухай – About; О, об

Хүн бүр одоо вакцинжуулалтын **тухай** ярьж байна.

Everyone is talking **about** vaccination these days.

Все говорят **о** вакцинации в эти дни.

70. Асуудал – Issue, problem; Проблема

Хэн нэгний гэр бүлийн **асуудалд** хөндлөнгөөс оролцох хэрэггүй юм байна.

I understood that no one should intervene in one's family **problems**.

Я поняла, что не следует вмешиваться в чьи-то семейные **проблемы**.

71. Баруун – Right, west; Западный/-ая

Би хотынхоо **баруун** хэсэгт амьдардаг.

I live in the **west** part of my city.

Я живу в **западной** части столицы.

72. Олигтой – Decent; good; Что-либо стоящее

Би ач хүүхдүүддээ бэлэг авах гээд **олигтой** юм олсонгүй.

I was looking for a **decent** present for my grandchildren but found nothing.

Я искала подарки для своих детей, но не нашла ничего **стоящего**.

73. Үйл явдал – Event, incident; Инцидент, случай, событие

Хүний амьдралд олон сайхан мартагдашгүй **үйл явдал** тохиолддог.

People experience a lot of nice and unforgettable **events** in their life.

В жизни человека имеют место много красивых и незабываемых **событий**.

74. Ийнхүү – Thus; Таким образом

Ерөнхийлөгчийн гаргасан шийдвэр нийгэмд **ийнхүү** маргаан дагуулав.

The president's resolution **thus** led to a lot of argument in the society.

Решение президента, **таким образом,** привело к аргументам в обществе.

75. Асуулт – Question; Вопрос

- Уучлаарай, би таны **асуултыг** ойлгосонгүй.

- I'm sorry, I didn't understand your **question**.

- Извинте, Я не понял/а Ваш **вопрос**.

104. Бат бөх – Strong, firm, solid; Крепкий, прочный

Гэр бүлийн харилцаа **бат бөх** биш бол зөрчил үүсдэг.

Lack of **strong** relationship leads to problems in a family.

Отсутствие **прочных** отношений приводит к проблемам в семье.

76. Онгойх - To open; Открыться

Дэлгүүр **онгойхоор** хүнсээ авна.

I'll buy some food when the store **opens**.

Я пойду за продуктами, когда магазин **откроется**.

77. Баг – Team; Команда

Одоо үед **багаар** ажиллах чадвар их чухал болоод байгаа.

Working **as a team** has become an important skill nowadays.

В настоящее время способность работать в **команде** становится как никогда важным.

78. Орлого – Income; Доход

Тогтмол **орлогогүй** хүмүүс Монголд олон байна.

There are a lot of people in Mongolia without stable **income**.

В Монголии много людей с отсутствием постоянной **прибыли**.

79. Зорчигч – Passenger; Пассажир

Онгоцноос бууж буй **зорчигчдын** дунд миний танил байлаа.

Among the **passengers** leaving the plane was my acquaintance.

Среди **пассажиров**, выходящих из самолёта, находилась моя знакомая.

80. Олон зүйл – a lot of things, issues; Много/многое

Би амьдралдаа **олон зүйл**ийг сурсан.

I have learnt **a lot of** things in my life.

Я **многому** научилась в своей жизни.

81. Цалин – Salary; Заработная плата

Өнөөдөр дан **цалингаар** амьдрах хэцүү.

Today it is almost impossible to live only on **salary**.

Проживание только на **зарплате** - почти невозможно в наши дни.

82. Оронд нь – Instead; Вместо этого

Чи дэндүү их зурагт үзэх юм. **Оронд нь** хичээлээ хийвэл яасын?

You watch TV too much! Why don't you study, **instead**?

Ты слишком много времени проводишь перед телевизором. Почему бы тебе **вместо этого** не заняться учёбой?

83. Том – Big; Большой/-ая/-ое

Их **том** зорилт тавих нь заримдаа эрсдэлтэй байдаг.

Setting **big** goals sometimes is risky.

Большие цели иногда являются рискованными.

84. Баян – Rich, wealthy; Богатый/-ая/-ые

Манайд олон **баян** хүмүүс шудрага бус замаар мөнгө олсон байдаг.

Many **wealthy** people have made their fortune in dishonest way in our country.

Много **богатых** людей у нас накопили свои деньги недобросовестным путём.

85. Зах – Market; Рынок

Өнөөдөр хүнсний **захад** хүн их байлаа.

Today the food **market** was crowded.

Сегодня **рынок** был забит людьми.

86. Зурвас - Message; Записка, мэссэж

Түүний надад бичсэн **зурвасыг** би нилээд хожуу харсан.

I saw her **message** for me quite late.

Я заметила присланный ею мне **мессеж** намного позже.

87. Өч төчнөөн – So many, countless; Бесчисленное, множество

Өч төчнөөн хэл сурсан хүмүүсийг хараад би биширдэг.

I am amazed to see people who have learnt **so many** languages.

Я восхищаюсь людьми, которые владеют **множеством** языков.

88. Мэт/Шиг – Such /as/like; Как

Тэр гоё бэлэг аваад хүүхэд **мэт** их баярласан.

He was excited **like** a child after receiving a nice present.

Он обрадовался **как** ребёнок, когда получил красивый подарок.

89. Цөм – Everyone, everything, all of them; Все, всё

Бид **цөм** эрүүл саруул, сайхан амьдрахыг хүсдэг.

Everyone wants to live a healthy and happy life.

Все мы хотим жить здровой и счастливой жизнью.

90. Хоол хүнс - Food; Пища

Хүний эрүүл мэндэд **хоол хүнс** их чухал үүрэгтэй.

Food plays an important role in one's health.

Еда играет важную роль в здоровье человека.

91. Тэрхүү – That (thing, money); Те/тот

Би хичээл зааж мөнгө олдог. **Тэрхүү** мөнгийг би хуримтлуулахыг хичээдэг.

I make some money by teaching and I try to save some of **the** money.

Я зарабатываю деньги преподаванием и стараюсь копить **те** деньги.

92. Цааш нь/Цаашид – Further; В дальнейшем

Би энэ номоо дуусгаад **цааш** нь өөр юм бичих бодолтой байгаа.

I am thinking about writing something else **further** after finishing this book.

Я собираюсь **в дальнейшем** написать другую книгу, как закончу эту книгу.

93. Зогсох- To stop; Остановиться, остановить

Бид замдаа түр **зогсож** хооллож ундлав.

We have made a short **stop** on the way to have some meal.

Мы **остановились** в дороге, чтобы перекусить.

94. Руу/луу – To somewhere (particle); В, к

Би маргааш их сургууль **руу** явна.

I'll go **to** university tomorrow.

Я завтра поеду **в** университет.

95. Хүн – Person; Человек, люди

Өнөөдөр маш олон **хүн** ядуурлын түвшинд амьдарч байна.

Today so many **people** live in poverty.

В настоящее время очень много **людей** живёт в бедности.

96. Тийшээ – There, that way; Туда

Та **тийшээ** яваад хэрэггүй, зам их түгжрэлтэй байна лээ.

Do not go **there**; the roads are packed with traffic jam.

Вам не следует ехать **туда**, дороги были загружены.

97. Ханш – Rate; Курс

Сүүлийн хэдэн сар америк долларын **ханш** өссөөр байна.

The USD **rate** has increased in recent months.

В последние несколько месяцев **курс** американского доллара продолжает

расти.

98. Нааш ир – Come here!; Иди сюда

- Найзаа, **нааш ир** дээ. Энд ховор ном байна.

- Hey, **come here**. There is a rare book.

- Слушай, **иди сюда**. Здесь - редкая книга!

99. Зүүн – Left, east; Восточный/-ая

Тэр хотын **зүүн** хэсэгт амьдардаг.

He lives in the **eastern** part of the city.

Он живёт в **восточной** части города.

100.   Жинхэнэ – Genuine; Настоящий/-ее/-ая/-ое

Энэ бол **жинхэнэ** арьсан, үнэтэй эд байна.

This is an expensive thing, made of **genuine** leather.

Это дорогая вещь, из **настоящей** кожи.

101.   Инээмсэглэл – A smile; Улыбка

Би хүүхдүүдийнхээ царайд **инээмсэглэл** тодрохыг хараад аз жаргалтай

байдаг.

What makes me happy is to see **a smile** on my children's face.

Улыбка на лицах моих детей делает меня счастливой.

102. **Танил – Acquaintance; familiar; Знакомый/-ая/-ие/-ое**

Тэр хүний царай надад **танил** санагдлаа.

That person's face was **familiar** to me.

Лицо того человека показалось мне **знакомым**.

103. **Бид хоёр – We (both); Мы оба**

Нөхөр бид хоёр боломжийн тэтгэвэр авдаг.

I and my husband are satisfied with our pensions.

Мы с мужем получаем неплохие пенсионные.

104. *Лавлах – Guide, reference; Пособие, справочник*

Намайг залуу байхад гадаад хэлний *лавлах* материал ховор байлаа.

When I was young, there wasn't enough **reference** materials for studying foreign

languages.

Существовало мало **пособии** для изучения иностранных языков в мою

молодость.

105. *Дургүй – To dislike; Не любить*

Би их зантай хүмүүст **дургүй.**

Я **не люблю** высокомерных людей.

I **don't like** arrogant people.

106. **Бололцоо – Possibility;** *Возможность*

Би **бололцоо** гарвал ач нартайгаа уулзахыг хичээдэг.

I like to meet my grandchildren whenever it's **possible.**

Я стараюсь видеться с внуками, когда представляется **возможность.**

107. **Дуртай – To like;** *Любить, любимый*

Хүн **дуртай** зүйлээ хийж амьдрах нь аз жаргал.

Happiness is doing what you **like.**

Это - счастье, когда ты занимаешься **любимым** делом.

108. **Бол – Is/are; Есть**

Тэр **бол** их сайхан сэтгэлтэй хүн.

He **is** a person with a golden heart.

Он - человек с золотым сердцем.

109. **Барилга – Building;** *Дом, здание*

Улаанбаатар хотод жилд маш их **барилга** байшин шинээр баригдаж байна.

A lot of **buildings** are being built in Ulaanbaatar every year.

Очень много **здании** строится в Улаанбаатар в год.

110. **Нэгмөсөн – Completely, all at once;** *Сразу, совсем*

Тэр **нэгмөсөн** бүх ажлаа дуусгаад амрахаар шийдэв.

She decided to complete all her work **at once** and then have a rest.

Она решила **сразу** закончить всю свою работу, а потом идти в отпуск.

111. **Түүнээс хойш** – Since then; С тех пор

Би 5 жилийн өмнө тэтгэвэрт гарсан. **Түүнээс хойш** монгол хэл онлайнаар зааж байна.

I retired 5 years ago. **Since then** I taught Mongolian online.

Я вышла на песию пять лет назад. **С тех пор** преподаю монгольский онлайн.

112. **Ний нуугүй** – Frankly, sincerely; Честно

Ний нуугүй хэлэхэд зарим хүмүүс бусдыг ашиглаж амьдардаг.

To **be frank**, some people make a living by taking advantage of others.

Если **честно**, многие люди живут за счёт других.

113. **Ой** – 1. **Forest**; 2. **Memory**; 3. **Anniversary**; Юбилей, годовщина

Миний ажиллаж байсан сургууль энэ онд 40 жилийн **ойгоо** тэмдэглэсэн.

The university I had worked at have celebrated **its** 40th **anniversary** this year.

Университет, где я работала, отметил в этом году свой сорокалетний **юбилей.**

114. **Биш** – Not; Нет, не

Энэ бол миний хайж байсан ном **биш** байна.

This is **not** the book I was looking for.

Это **не** та книга, которую Я искала.

115. **Өнөө** – Present; that. Тот, настоящий

- Чи **өнөө** цүнхээ үзүүлээч?

- Can you show me **that (your)** bag?

- Покажи мне, пожалуйста, ту **сумку** (которая есть у тебя).

116. Орон сууц – Apartment; Жилой дом, квартира

Улаанбаатарт **орон сууц** их үнэтэй.

Apartments are very expensive in Ulaanbaatar.

Стоимость **квартир** очень высока в Улаанбаатар.

117. Үнэн хэрэг дээр – In fact; действительности, На самом деле

Тэр мөнгө авахгүй гэдэг нь хачин юм. **Үнэн хэрэг дээр** түүнд мөнгө маш их хэрэгтэй.

It's strange that he didn't accept the money. **In fact,** he needs it very much.

Странно, что он не берёт деньги. **На самом деле**, они ему очень нужны.

118. Байхгүй – Negative of 'to be'; Нет, отсутствует, не

Бид бүгд эрүүл байгаа нь сайхан байна. Өөр санаа зовох юм **байхгүй.**

It's wonderful that we are all healthy. We **don't have** anything else to worry about.

Это прекрасно, что мы все здоровы. Нам больше **не** о чём беспокоится.

119. Тэр дундаа – Among them; В частности, в том числе

Миний Швейцар шавь олон гадаад хэл мэддэг, **тур дундаа** монгол хэл нь маш сайн.

My Swiss student speaks a lot of languages, **among them** his Mongolian is very good.

Мой студент Швейцарец знает много иностранных языков, **в том числе** его монгольский очень хорош.

120. **Зээл - Loan, credit; Долг, кредит**

Одоо үед маш олон хүн **зээл** авч амьдарч байна.

Nowadays so many people survive by getting bank **loans**.

В наши дни очень много людей живут за счёт получения банковских **кредитов**.

121. **Тиймээс – This is why; Поэтому, в следствие чего**

Гадуур томуу их байгаа, **тиймээс** хувийн ариун цэвэр сахих хэрэгтэй.

Flu is widespread now, **that is why** personal hygiene should be followed.

Сейчас грипп очень распространён, **поэтому** необходимо соблюдение личной гигиены.

122. **Дараагийн – Next; Следующий/-ая/-ее**

Дараагийн долоо хоногт би Цагаан сарын бэлтгэлээ хийнэ.

Next week I'll start the preparations for the Mongolian New Year – Tsagaan Sar.

В **следующую** неделю я начну приготовления к монголському новому году - Цагаан Сар.

123. **Сул – 1. Weak; 2. Free; 1. Слабый/-ая, 2. Свободный/-ая/-ое**

Түүний бие **сул** байна.

Она чувствует себя **слабо**.

She feels **weak**.

124. **Хэн? – Who?; Кто?**

    - Тэр их гоё дуулах юмаа!

    - **Хэн?**

    - Филиппины дуучин.

    - Он так красиво поёт!

    - **Кто?**

    - Певец из Филиппин.

    - His singing is amazing!

    - **Who?**

    - The singer from the Philippines.

125. **Хаана? – where?; Где?**

    - **Хаана** энэ номыг зарж байна?

    - **Where** do they sell this book?

    - **Где** продают эту книгу?

126. **Яасан гэнэ ээ? – What did you say happen?; Что ты сказал/-а случилось?**

    - Тэр **яасан гэнэ ээ?**

    - What **did you say** happen to him/her?

- Что, **говоришь,** случилось с ним/с ней?

127. **Хаашаа? – Where to?; Куда?**

   - Найз чинь **хаашаа** сурахаар явсан бэ?

   - **Where** did your friend go to study?

   - **Куда** твой друг/подруга поехал/-а учиться?

128. **Яагаад? – Why?; Почему?**

   - Чи хуралд **яагаад** ирээгүй вэ?

   - **Why** didn't you come to the meeting?

   - Ты **почему** не пришла на собрание?

129. **Болохгүй – Not allowed; Запрещено/запрещается, нельзя**

   Хүүхдүүдэд архи тамхи худалдаж **болохгүй.**

   Selling alcohol and tobacco to children **isn't allowed.**

   Детям **нельзя/запрещается** продавать спиртные и сигареты.

130. **Өөрөө – Oneself; Сам/-а**

   Хүн **өөрөө** хичээвэл бусдаас дутахгүй амьдарч чадна.

   If a person does **his** best, he can live a good life.

   Если человек **сам** постарается, он может жить не хуже других.

131. **Битгий/бүү – Do not (do); Не**

   Түүний үгэнд **бүү/битгий** гомд. Тэр заримдаа муухай ааштай байдаг ш дээ.

   Don't be hurt by his words. You know, sometimes he is moody.

Не придавай значения его словам. Ты же знаешь, что иногда у него переменчивое настроение.

132. **Хэрэв – If; Если**

Хэрэв цаг алдахгүй бол би номоо энэ жил гаргана.

I'll release my book this year, **if** I manage not to waste time.

Если я успею/не упущу время, я выпущу свою книгу в этом году.

133. **Тэгсэн бол – In that case; В том/таком случае**

Би хааяа өөр мэргэжил сонгодог байж гэж боддог. **Тэгсэн бол** би дуучин болох байлаа.

Sometimes I think that I should have chosen another occupation. **In that case**, I would have become a singer.

Иногда я думаю, что мне следовало бы выбрать другую профессию. **В таком случае,** я бы стала певицей.

134. **Урьд шөнө – Last night; Прошлая ночь**

Урьд шөнө би сайн унтаж чадсангүй.

I slept badly **last night**.

Прошлой ночью я плохо спала.

135. **Хөөе – Hey!; Эй**

Хөөе, чи надад амласан зүйлээ мартаагүй биз?

Hey, you haven't forgotten your promise, have you?

Эй, ты не забыл о своём обещании, надеюсь?

136. Чам шиг – Like you; В тебя, как ты

- Охин чинь **чам шиг** хөөрхөн юмаа!

- Your daughter is beautiful **like you**!

- Твоя дочь красивая **как ты**!

137. Тус – 1. Help; 1. Тус тус- respectively; 1. Помощь, 2. В отдельности,

Хүнд **тус** болж байвал өөрийн хэрэг бүтнэ.

One who **helps** others will be well himself.

Вы будете удачливы, если Вы **помогаете** другим.

138. Нөгөөдөр – The day after tomorrow; Послезавтра

Нөгөөдөр би хоёр хичээлтэй.

The day after tomorrow I have two classes.

Послезавтра у меня два занятия.

139. Биз дээ? – Right?; Не так ли? Правильно?

Хүүхдүүд энэ сарыг дуустал хичэллэхгүй **биз дээ?**

Schoolchildren do not have classes until the end of this month, **right?**

У детей нет занятии до конца этого месяца, не **так ли?**

140. Чацуу – Of the same age; Ровесник, одногодки

Миний ах эхнэртэйгээ **чацуу**.

My elder brother is **the same age** as his wife.

Мой старший брат **одного возраста/одногодок** со своей женой.

141. Түрээс/Түрээслэх – Rent/To rent; Аренда/Арендовать

Өнөөдөр Улаанбаатарт ихэнхи айл өрх гэр хороололд болон **түрээсийн** байранд амьдардаг.

Today majority of capital city habitants live in ger districts or **rent** apartment.

В наши дни большинство семей в Улаанбаатаре живёт в юртах или **арендуют** квартиры.

142. Түүнчлэн – Also; Также

Монголын өвөл их хүйтэн. **Түүнчлэн** нийслэл өвлийн цагт агаарын их бохирдолтой.

Winter in Mongolia is very cold. **Also** there is high air pollution in the capital city.

В Монголий зима – холодная. **Также** в столице зимой - высокое загрязнение воздуха.

143. Наадах чинь – referring to the thing a person you're talking to has;

Наадах /уншиж байгаа ном/ **чинь** сонирхолтой юу?

Книга /**которую ты читаешь**/ интересная?

Is that book /**you're reading**/ interesting?

144. Хөдөө – Countryside; Провинция, деревня

Би зун **хөдөө** явахыг хүсч байна.

Я хочу поехать в **деревню/провинцию** летом.

I want to go to the **countryside** in summer.

145. **Жил – year; Год**

2020 он бол билгийн тооллоор хулгана **жил**.

2020 is a **year** of rat according to Lunar calendar.

2020 - **год** мыши по восточному календарю.

146. **Гэсэн үг – It means; Значит, означает**

Тэр маш их завгүй байгаа учраас бидэнтэй хөдөө явахгүй **гэсэн үг**.

Он очень занят, **значит** он не поедет с нами в худон.

He is very busy. **It means** he won't be able to join us on our trip to the

countryside.

147. **Нийлээд – Altogether; Все вместе, в целом**

Бид гэр бүлээрээ **нийлж** цагаан сараа тэмдэглэнэ.

We'll celebrate Tsagaan Sar **all thogethe**r with our families.

Мы отметим Цагаан Сар **все вместе** семьями.

148. **Одоо яанаа! – What shall we do?; Что же нам делать?**

Бидний явах хугацаа хойшилжээ. **Одоо яанаа!** Ажлаа аль болохоор хурдан

дуусгамаар байна!

Мне сказали/Я слышала, что наш отьезд отложили. **Что же делать?**

Хотелось бы закончить работу как можно скорее!

I was told our trip was postponed. **What shall we do?** I'd like to finish the work

as soon as possible.

149.   **Унах – 1. To fall; 2. To decrease; 1. Упасть, 2. Снизить/снизиться,**

уменьшить

"**Унасан** хүүхэд уйлдаггүй" гэж монголчууд хэлдэг.

Mongolians say "Do not cry if you **fall** yourself" (meaning "do not complain")

У монголов есть поговорка "Если сам **упал**, не плачь".

150.   **Болох – To become, to be, to come; Стать, быть**

Удахгүй шинэ жилийн баяр **болно**, гэвч бид энэ жил тэмдэглэхгүй.

A New Year holiday **is coming** soon, but we are not going to celebrate it this

year.

Скоро новогодний праздник, но мы не **будем** отмечать его в этом году.

151.   **Эрхлэх – To have a job, to run a business; Заниматься чем-то**

Одоо ихэнх хүмүүс хувийн аж ахуй **эрхэлж** амьдралаа авч явдаг.

Many people nowadays make a living by **running** own **business**.

Многие сейчас зарабатывают на жизнь **собственным бизнесом.**

152.   **За боль доо – Come on! Ну хватит!**

-    Би түүнтэй уулзахгүй, гомдсон.

-    **За боль доо.** Та сайн найзууд ш дээ.

-    I won't meet her, I am hurt.

- **Come on**! You're best friends.

- Я не буду встречаться с ней, я обижена.

- **Ну хватит**! Вы же –лучшие друзья.

153. Шахам – Around, about; Около, приблизительно

Монголын нийслэлд одоо 1,4 сая **шахам** хүн амьдарч байна.

The population of Ulaanbaatar is **around** 1, 4 million.

Население Улаанбаатара насчитывает **около** 1,4 миллиона человек.

154. Нэг нэгээр нь – One by one; По одному

Шалгалт өгөх оюутнуудыг **нэг нэгээр нь** дуудаж танхимд оруулсан.

Examinees were called **one by one** to the examination room.

Студенты, сдающие экзамен, были впущены в аудиторию **по одному**.

155. Урд – 1. Before; 2. In front; Перед

Манай гэр Улаанбаатар Паласын **урд** байдаг.

I live **in front of** Ulaanbaatar Palace.

Мой дом находится **перед** Улаанбаатар Палас.

156. Ямар ч л байсан – Anyway; Как бы то ни было

Чамайг завгүй байгааг би мэднэ. **Ямар ч л байсан** чи энэ ажлаа өнөөдөр

дуусгах хэрэгтэй.

I know how busy you are. **Anyway,** you have to finish this work today.

Я знаю, насколько ты загружен. **Как бы то ни было** ты должен завершить эту работу сегодня.

157. **Хэсэг зуур – For a while; Некоторое время**

Би **хэсэг зуур** амраад номоо бичиж дуусгах хэрэгтэй.

I need to finalize writing my book after having a rest **for a while**.

Мне нужно завершить свою книгу, отдохнув **некоторое** время.

158. **Олонтоо – Many times, repeatedly; Много раз, несколько раз**

Багш оюутнууддаа дүрмийг **олонтоо** хэлж өгөв.

The teacher explained the rule **repeatedly** to her students.

Учитель объяснил своим студента правило **несколько раз**.

159. **Тэр ч битгий хэл – Not mentioning that, moreover; Более того**

Миний гадаад шавь монгол хэлэнд дуртай, **тэр ч битгий хэл** сайн ярьдаг.

My student likes Mongolian language, **moreover**, he speaks it very well.

Мой студент любит монгольский, **более того**, он неплохо владеет им.

160. **Утас – 1. Telephone 2. Cord; 3. Thread; 1. Нитка 2. Телефон 3. Провод**

Өнөө үед гар **утасны** хэрэглээ түгээмэл болсон.

Nowadays **mobile phones** have become popular.

В настоящее время использование **мобильников** стало нормой.

161. **Хаана л бол хаана – Everywhere; Везде, повсюду**

Өвөл **хаана л бол хаана** ханиадтай хүмүүс таардаг.

In winter, people with the flu are **everywhere**.

Зимой **везде** везде люди с гриппом.

162. **Дуусах – To finish, run out of something; Закончить/закончится**

Ковид -19 өвчний улмаас зарим оронд дэлгүүрүүдэд хүнс нь **дуусах** явдал

гарч байна.

In some countries, groceries in stores are **running out** due to the coronavirus.

В некоторых странах продукты в магазинах **заканчиваютя** в связи с

коронавирусом.

163. **Сүүлчийн – Last, final; Последний**

Чи "**Сүүлчийн** самурай" кино үзсэн үү?

Have you seen the '**Last** samurai'?

Ты смотрел фильм "**Последний** самурай"?

164. **Хүү – interest; проценты; мальчик, сын**

Банкны зээлийн **хүүг** бууруулах талаар засгийн газар хэлэлцэж байна.

The government is discussing the ways of decreasing bank loan **interests**.

Правительство обсуждает вопрос о снижении **процентов** на банковские

ссуды.

165. **Юу гээв? – What did you say?; Что ты сказал?**

Чи түрүүн **юу гээв**? Би сонссонгүй, уучлаарай.

What **did you say**? I'm sorry, I didn't hear.......

Что ты сказал? Извини, не расслышал........

166. Яагаад гэвэл – Because ….; Потому что

Надад олон найз байхгүй, **яагаад гэвэл** тоо чухал биш гэж боддог.

I do not have many friends - the number is not important, I think.

У меня нет нет много друзей – по-моему, не в количестве дело.

167. Тэгэх үү, айн? – Would you please ………./Shall we …. please! Хорошо?

Чи дэлгүүр яваад талх аваад ирээч. **Тэгэх үү айн?**

Please go to the store and buy bread for me, **would you**?

Пожалуйста, сходи в магазин за хлебом, **хорошо**?

168. Яг – Exactly; Точно

- Эрүүл байх нь хамгийн чухал зүйл.

- **Яг** тийм.

- Being healthy is the most important thing.

- **Exactly.**

- Быть в добром здравии - самое важное.

- **Точно!**

169. Үйл – Act, action; Действие

Хүн өөрийн **үйл** хөдлөлдөө ямагт эзэн байх ёстой.

Everyone has to be responsible for his **actions**.

Каждый должен нести ответственность за свои **действия.**

170. **Яалаа гэж – No way, not at all; Конечно нет. /Вовсе нет.**

- Чи миний гуйсныг мартаагүй биз?

- **Яалаа гэж дээ!**

- You haven't forgotten about my request, have you?

- **Not at all./ Of course, not**

- Ты не забыла о моей просьбе?

- **Конечно, нет.**

171. **Бушуухан – Quickly; Поспешно**

Дарга нь утасдасан учир хүү минь **бушуухан** гараад явлаа.

My son left **in a hurry** after his boss' call.

Мой сын **поспешно** ушёл после того, как ему позвонил его босс.

172. **Дэмий байх аа – I do not think it's a good idea; Это плохая затея!**

- Хоёулаа ээж аавд хэлэхгүй хөдөө явчих уу?

- **Дэмий байх аа.**

- Shall we go to the countryside without letting the parents know?

- **I do not think, it's a good idea.**

- А почему бы нам не поехать в провинцию, потихоньку от родителей?

- **Не думаю, что это хорошая затея.**

173. **Ёстой / хэрэгтэй байсан – Should have ....; нужно было, следовало**

Тэр дулаахан хувцаслах **хэрэгтэй байсан** юм.

He **should have** worn warm clothes.

Ему **следовало** одеться потеплее.

174. **Харж байна уу? – You see! Видишь? Видал/-а/-и?**

Чи шалгалтаа сайн өгсөн байна! **Харж байна уу?**

You've passed your exam successfully! **You see?**

Ты успешно сдала эказмен! **Видишь?**

175. **Гээгүй юм – Didn't mean to; И не думал, не было в мыслях**

Би түүнийг уурлуулах **гээгүй юм** ш дээ.

I really **didn't mean to** make him angry.

У меня и **в мыслях не было** вызвать его гнев.

176. **Мөн ч хол – So far (distance); Так далека/далёк/-ое**

Нутаг минь **мөн ч хол байна** даа.

My homeland **is so far**!

Моя родная земля **так далека**!

177. **Явган – On foot; пешком**

Дулаан цагт би **явган явах** дуртай.

I like **walking** when the weather is warm.

Я люблю гулять **пешком** в тёплую погоду.

178. **Тус болох – To be helpful/to help; Помочь, оказать помощь**

Бусдад **тус болж** байвал өөрийн ажил бүтнэ гэдэг.

They say that if you **help** others, it will return to you a hundredfold.

Говорят, если Вы будете **помогать** другим, это вернётся к Вам сторицей.

179.   **Адилгүй – Not alike, different; Отличаться/различаться**

Миний ах дүү нарын ааш зан бүгдээрээ **огт адилгүй**.

My siblings' personalities **are very different**.

Характер у моих братьев очень **различается** друг от друга. 000

180.   **Тэгснээр – As a result; Вследствие чего, как следствие**

Тэр хичээлдээ их шамддаг, **тэгснээр** онц сурсан.

He is very diligent, and, **as a result**, he succeeded at his studies.

Он очень прилежный и, **как следствие**, выучился на отлично.

181.   **Цаг барих – To be punctual, punctuality; Пунктуальность**

Цаг барьж сурах нь хүнд их хэрэгтэй зүйл юм.

Punctuality is very important/ is something that everybody should follow.

Пунктуальность – это черта, которой каждый должен овладеть.

182.   **Адилхан – Alike, resemble; Похож/-е/-а**

Намайг аавтайгаа **адилхан** гэж хүмүүс хэлдэг.

People say I **resemble** my father.

Все говорят, что я **похожа** на моего отца.

183.   **Бие биенээ – Each other; Друг друга**

Залуу гэр бүл **бие биенээ** хайрлахаас илүү хүндлэх хэрэгтэй.

For young couples respecting **each other** is as important as loving each other.

Для молодой семьи уважение к **друг другу** не менее важно, чем любовь.

184. **Ялангуяа – Especially; Особенно, в особенности**

Мэдлэгтэй, **ялангуяа** даруу хүмүүсийг би хүндэтгэдэг.

I respect educated, **especially** humble people.

Я отношусь с уважением к образованным, в **особенности** скромным

людям.

185. **Зах зээл – Market; Рынок**

Монгол улс ерээд онд **зах зээлийн** эдийн засагт шилжсэн.

Mongolia has transferred to **market** economy in the nineties.

Монголия перешла на **рыночную** экономику в девяностые годы.

186. **Эсвэл/эсхүл – Or; Или**

Чи хичээлээ хий, **эсвэл** надад хоол хийхэд тусла.

You do your homework **or** give me a hand in cooking.

Ты занимайся **или** помоги мне готовить.

187. **Нөгөөдөх нь – The other one; Другое/Другая**

Энэ гоё цамц байна. **Нөгөөдөх** нь ямар санагдаж байна?

This is a nice shirt! What about **the other one**?

Это красивая рубашка. **А как** тебе **другая**?

188. **Өнөөх – That one; Та/тот (человек)**

Өнөөх чинь ирэхгүй нь. Яах вэ?

He/she (the person you're waiting for) isn't coming. What we are supposed to do?

Он/Она (человек, который должен прийти) не приходит. Что же нам делать?

189. **Гэж үү? – Is that true? Это правда?**

Манайд нэртэй гадаадын хамтлаг ирэх юм гэсэн. Энэ үнэн **гэж үү?**

I've heard a famous foreign band is coming to Mongolia. **Is that** true? (what do you think?)

Говорят, знаменитая зарубежная группа приедет к нам? **Это правда?** /сомнение/

190. **Тийм гэнэ ээ – Yes, that's right; Так говорят**

- Тэр маргааш ирэх гэнэ үү?

- **Тийм гэнээ.**

- Is he coming tomorrow?

- **Yes, that's right.**

- Он приезжает завтра, да?

- **Так говорят.**

191. **Яаж мэдэх вэ дээ! – Who knows; Кто знает**

- Бид 2-3 сая төгрөгний цалин авах юм байх.

- **Хэн мэдэх вэ/Яаж мэдэх вэ дээ.**

- I heard we are going to have a two-three million tugruk salary.

- **Who knows**!

- Мы, видимо, получим зарплату в рамере 2-3 миллионов.

- **Кто знает!**

192. **Билүү?- Do you? Is it? Does it? Не так ли?**

- Чи франц хэл мэддэг **билүү?**

- You speak French, **do you?**

- Ты говоришь по-французски, **не так ли?**

193. **Ердөө – Only, Всего, всего-то**

Би **ердөө** зургаан цаг унтаж амарсан.

I have slept **only** 6 hours.

Я спала **всего** шесть часов.

194. **Хамаатан – Relative; Родственник**

Манай ээж цөөхөн **хамаатантай**.

My mother doesn't have many **relatives.**

У моей матери немного **родственников.**

195. **Нэрлэх – To name; Называть/называться**

Энэ газрыг юу гэж **нэрлэдэг вэ?**

What's the **name** of this place?

Каково **название** этого места? Как **называется** это место?

196. **Залуус – youth; Молодёжь**

Монгол **залуус** их мэдлэгтэй болсон байна.

Mongolian **youth** have become very educated.

Монгольская **молодёжь** стала очень эрудированной.

197. **Тул/Тулд – Because; Чтобы**

Амьдралаа утга учиртай байлгахын **тулд** байнга суралцах хэрэгтэй.

One should always keep learning **to** live a meaningful life.

Человек должен всё время учится, **чтобы** жить осмысленной жизнью.

198. **Нэлээд – A lot, a big quantity or degree; Многое, в большом количестве**

Энэ жил би **нилээд** ажил амжууллаа.

I've accomplished **quite a lot** this year.

Я достигла **многого** в этом году.

199. **Бараг – Almost/approximately; Почти**

Би номоо бичих ажлаа **бараг** дуусч байна.

I've **almost** finished writing my book.

Я **почти** заканчиваю работу над своей книгой.

200. **Удаашрах – To be in delay; Промедление**

Заримдаа би ядарснаас болж ажлаа **удаашруулж** байна.

Sometimes my work **is delayed** because I feel tired.

Иногда переутомление ведёт к **промедлению** в моей работе.

201. **Огт – At all; Совсем**

Зарим хүүхдүүд эцэг эхээсээ **огт өөр** хүмүүс байдаг.

Some children do not resemble their parents **at all**.

Некоторые дети **совсем** непохожи на своих родителей.

202. **Ганцхан – The only; Единственное/-ая/-ие**

Түүний харамсаж явдаг **ганцхан** зүйл бол мэргэжлээ буруу сонгосон явдал.

The only thing she regrets about is choosing a wrong profession.

Единственное о чём она сожалеет – неудачный выбор профессии.

203. **Үүнийг – This; Это**

Үүнийг найздаа өгье гэж авсан юм.

I bought **this** for my friend.

Это я купила для моей подруги.

204. **Ихэнх нь – Majority of; Большинство**

Улаанбаатарчуудын **ихэнх нь** гэр хороололд амьдардаг.

Most of Ulaanbaatar's habitants live in ger areas.

Большинство жителей Улаанбаатара проживает в районах юрт.

205. **Олон – Many; Много, множество**

Бид амьдралдаа **олон** алдаа гаргадаг боловч түүнээссээ сургамж авдаггүй.

We make **many mistakes** in our life but we do not learn lessons from them.

Мы совершаем в своей жизни **множество** ошибок, но не извлекаем уроки

из них.

206. **Айл бүр – Every household; Семья, хозяйство**

Өнөө үед нийслэл хотын бараг **айл бүр** унадаг тэрэгтэй болсон.

Nowadays almost every **household** in the capital city owns a car.

В наши дни почти каждая **семья** в столице содержит автомобиль.

207. **Ухаалаг гар утас – Smart phone; Мобильный телефон**

Өнөө үед бараг хүн бүр **ухаалаг гар утас** хэрэглэдэг болсон.

These days almost everyone uses a **smart phone**.

В наши дни дочти каждый пользуется **мобильным телефоном.**

208. **Төлбөр – Payment; Оплата**

Одоо үед байр, утас, цахилгааны **төлбөрөө** цахимаар хийх боломжтой

болсон.

These days you can do **payment** for housing, phone and electricity bills online.

В наши дни **оплату** за жилплощадь, телефон и электричество можно

произвести электронным методом.

209. **Зарим нь – some of (people, things); Некоторый/-ая/-ие**

Ихэнх хүмүүс Ковидын эсрэг вакцин хийлгэнэ, **зарим нь** үгүй гэсэн

бодолтой байгаа.

Majority of population agree to have vaccination against Covid 19, but **some** are reluctant.

Большинство населения согласно на вакцинацию против Ковид 19, а **некоторые** – нет.

210.   **Эхээр – At the beginning; В начале**

Би зургаадугаар сарын **эхээр** юмуу дундуур зуслан гарах бодолтой.

I am planning to move to our summer camp **at the beginning** or middle of June.

Я собираюсь перебраться на дачу **в начале** или середине июня.

211.   **Эцсээр/сүүлчээр – At the end; В конце**

Бид зуслангаас голдуу наймдугаар сарын **сүүлчээр** орж ирдэг.

We usually come back from our summer camp **at the end** of August.

Мы обычно перезжаем с дачи в город **в конце** августа.

212.   **Хичнээн ч – No matter how long/how much; Сколько бы ....**

Хичнээн ч цаг хугацаа өнгөрсөн би хүүгээ хүлээнэ.

I'll be waiting for my son **no matter how long** it takes.

Я буду ждать своего сына **сколько бы** времени не прошло.

213.   **Өдөрт – A day; В день**

Би **өдөрт** 5-6 цаг орчим компьютерийн урд суудаг.

I spend around 5 or 6 hours a day in front of my computer.

Я провожу около 5-6 часов **в день** перед компьютером.

214. Саяхан – Recently; Недавно, в последнее время

Би **саяхан** зуслангаас гэртээ ирсэн.

I've come back from the camp house **not long ago**.

Я только **недавно** вернулась с дачи.

215. Дандаа/Ямагт – Always; Всегда

Эх хүн **дандаа** үр хүүхдээ бодолдоо тээж явдаг.

Mother's mind is **always** focused on thoughts about her children.

Мысли матери **всегда** заняты её детьми.

216. Учир зүггүй – With no reason; Без причины, безпричинно

Тэр **учир зүггүй** инээгээд эхлэв.

She started laughing **without any reason**.

Она начала смеяться **без особых причин**.

217. Товчхон – Briefly; Кратко

Багш хичээлийн агуулгыг **маш товчхон** ярилаа.

The teacher presented the lesson material **very briefly**.

Преподаватель изложил учебный материал **очень кратко**.

218. Бүгдээрээ – All of (them); Все

Бид **бүгдээрээ** гэр бүлээрээ ээжийндээ цуглах дуртай.

We **all** love to gather with our families at my mum's home.

Мы **все** любим собираться семьями у мамы.

219. **Бусад – Other/others; Другие**

Бусад хүмүүсийн юу бодох нь надад хамаагүй.

I do not care what **others** think.

Меня не волнует, что **другие** думают.

220. **Болих – To quit, give up; Бросать, бросить**

Залуус аливаа ажлыг эхлүүлээд **болих** нь олонтаа байдаг.

Youth often **quit** what they've started.

Молодёжь часто **бросает** начатое.

221. **Хэм – Degree (temperature), градус**

Өнөөдөр гадаа зургаа орчим **хэм** дулаан байна.

Today it is around 6 **degrees** warm outside.

Сегодня около шести **градусов** тепла на улице.

222. **Юу ч – Nothing, anything; Ничего**

Тэр **юу ч** хэлэхгүй гараад явлаа.

He left without saying **anything**.

Он ушёл, **ничего** не сказав.

223. **Өдөр бүр – Everyday; Каждый день, ежедневно**

Би бараг **өдөр бүр** онлайн хичээлтэй.

I have online classes almost **every day**.

У меня почти **каждый день** онлайн уроки.

224. **Яаж? – How; Как? Каким образом?**

Чи **яаж** үүнийг хийв?

How did you manage to do this?

Как ты справился с этим?

225. **Хувь тавилан – Destiny, fate; Судьба**

Хүн бүрийн **хувь тавилан** өөр өөр байдаг.

Everyone has his/her own **fate.**

У каждого своя **судьба.**

226. **Гол – Main Or river; Главное/-ый или Река**

Одоо миний **гол** ажил бол номоо бичиж дуусгах явдал юм.

My **main** work these days is to finalize writing the book.

Моя **главная** работа на данный момент- завершить свою книгу.

227. **Гэр бүл – Family; Семья**

Хүн юуны түрүүнд **гэр бүлээ** тавих ёстой.

His/Her **family** should be priority for any person.

Для человека его **семья** должна быть приоритетом.

228. **Бөгөөд/ба/болон – And; И**

Ойрын өдрүүдэд цаг агаар маш дулаарч байгаа бөгөөд хүмүүс гарч зугаалах

нь ихэссэн.

The weather is getting warmer these days and more and more people are going out for a walk.

В последние дни очень потеплело и *люди чаще выходят погулять.*

229. Хаяа – Occasionally; Иногда

Хааяа бага насаа дурсахад сайхан байдаг.

Sometimes remembering my childhood makes me happy.

Я люблю/Мне приятно **иногда** вспоминать своё детство.

230. Оршин суух – Тоо reside; Проживать

Олон жил **оршин суух** зөвшөөрөл аваагүй хүмүүсийг Монголоос гаргаж байна.

Foreigners residing in the country for many years without **residence** permit are being deported from Mongolia.

Иностранцы, **проживавшие** много лет без прописки, депортируются из страны.

231. Тун завгүй – Very busy; Быть очень занятой/-ым

Ач хүү энэ жил сургуульд орсон учраас би **тун завгүй** байдаг.

I am **really busy** because my grandson went to school this year.

Я бываю **очень занятой**, потому что мой внук пошёл в школу в этом году.

232. Сүүлийн үед – Recently; В последнее время

Сүүлийн үед Европын зарим оронд коронавирусын аюул улам нэмэгдээд байна.

Recently threat of pandemic has been increasing in some European countries.

В **последнее время** в некоторых странах Европы всё углубляется угроза коронавируса.

233. **Тухайлбал – Including; В частности**

Тэр хэд хэдэн гадаад хэл, **тухайлбал** англи, орос, польш хэл мэддэг.

She speaks several foreign languages, **including** English, Russian and Polish.

Она знает несколько иностранных языков, **в частности** англиский, русский и польский.

234. **Байсан – Was/Were; Был/-а/-и**

Тэр хүүхэд байхдаа их сониуч **байсан.**

He **was** very curious as a child.

Он **был** очень любознательным в детстве.

235. **Хэдхэн – A few; Несколько**

Би германаар **хэдхэн** үг мэддэг.

I know **a few** German words.

Я знаю **всего несколько** слов по-немецки.

236. **Хэрэгтэй – Should; Должен/-а/-ы, следует**

Би номоо аль болохоор хурдан бичиж дуусгах **хэрэгтэй**.

I **should** finish writing my book as soon as possible.

Я **должна** / Мне **следует** завершить свою книгу как можно скорее.

237. **Яг одоо – At the moment, right now; В данный момент**

Яг одоо хүн бүр хичээх цаг боллоо.

Right now everyone has to do their best.

В данный момент всем надо приложить все усилия.

238. **Цаг алдах – Waste time; Терять время**

Хүмүүс аливаа ажлыг эхлүүлэх гэж явсаар **цаг** их **алддаг**.

People **waste** a lot of **time** before starting anything new.

Люди **теряют много времени** перед тем, как начать какое-либо дело.

239. **Үнэр – Smell; Запах**

Жинхэнэ кофены **үнэр** сайхан шүү!

I like the **smell** of good coffee.

Как приятен **запах** хорошего кофе!

240. **Томчуул – The adults; Взрослый/-ые**

Томчуул өөрсдөө хүүхдүүдэд зөв үлгэр дууриал болох ёстой.

The adults themselves should set a good example for children.

Взрослые должны сами стать хорошим примером для детей.

241. **Магадгүй – Maybe, perhaps**

Коронавирусын цар тахал нэгээс хоёр жил үргэлжилж **магадгүй** гэж эрдэмтэд үзэж байна.

In researchers opinion coronavirus pandemic **might** last one or two years.

Учёные считают, что пандемия коронавируса **возможно** продолжится года два.

242.   **Өрөвдөх – To feel sorry for; sympathize; Жалеть, симпатизировать**

Заримдаа би хүүхдүүдээ **өрөвддөг.**

Sometimes I **feel sorry for** my children.

Иногда я **чувствую жалость** к своим детям.

243.   **Бөөн баяр болох - To be over the moon; Быть на седьмом небе**

Би ач нартайгаа уулзахаараа **бөөн баяр болдог.**

I **am over the moon** when I see my grandchildren.

Я **бываю на седьмом небе**, когда вижусь со своими внуками.

244.   **Хууль – Law, legislation; Закон**

 Хүн бүр төр загаас гаргасан **хуулийг** дагах ёстой.

Everyone is obliged to follow the **legislations** issued by the authorities.

Каждому человеку надлежит следовать **законам,** принятыми властями.

245.   **Завшаан – Chance, opportunity; Шанс, возможность**

Олон жилийн өмнө надад сурах бичиг зохиох төсөлд оролцох **завшаан** тохиосон.

Many years ago I have had **the chance** to take part in a textbook writing project.

Много лет назад мне **посчастливилось** принять участие в проекте написания/создания учебника.

246. **Танил – Acquaintance; Знакомый/-ая/-ое**

Тэр хүн миний сайн **танил.**

That person is a good **acquaintance** of mine.

Тот человек – мой хороший **знакомый.**

247. **Илэрхий – Obvious; Очевидно, ясно**

Тэр худлаа ярьж байгаа нь **илэрхий** байдаг.

It's **obvious** when he/she tells a lie.

Бывает **очевидно**, когда он/она говорит неправду.

248. **Сонгууль – Election; Выборы**

Энэ жил орон нутгийн **сонгуульд** олон зуун хүн өрсөлдөв.

Hundreds of candidates took part in the local **elections** this year.

Много сотней канидидатов участвовало в **выборах** в местные органы в этом году.

249. **Үргэлжлүүлэх – To continue, keep doing; Продолжать**

Би энэ номоо дуусгаад **үргэлжлүүлэн** өөр юм хиймээр байна.

I'd like **to continue** to do something else when I complete this book.

Я хотела бы **продолжить** заняться ещё чем-то, когда завершу эту книгу.

250. **Урамшуулал – Bonus; Поощрение, бонус**

Цар тахлын энэ хүнд үед эмнэлгийн ажилтнуудад сайн **урамшуулал** олгох

хэрэгтэй.

It's necessary to **award** medical personell well in this hard time of pandemic.

Необходимо как следует **поощрять** работников здравохранения в эти

нелёгкое время пандемии.

251. **Хямд/Хямдрал – Cheap/Sale; Дешёвый/-ая/-ые; Распродажа**

Энэ жилийн Хар баасан гарагийн **хямдралаар** олигтой юм авч чадсангүй.

I haven't bought anything nice for myself during this year's Black Friday **sales.**

Я не смогла себе купить что-либо стоящее во время **распродаж** в Чёрную

Пятницу в этом году.

252. **Урьдын адил – As before; Как прежде**

Ардчилалд шилжээд 20 гаруй жил болсон ч **урьдын адил** хүмүүсийн

амьдрал ядуу хэвээр байна.

People are still poor in the country **like before,** although it has been more than

20 years since the country transferred to the democracy.

Несмотря на более чем 20 лет со времени перехода к демократии в стране,

жизнь народа **как прежде** бедна.

253. **Тэтгэлэг – Scholarship, grant; Стипендия**

Жил бүр тэргүүний оюутнуудад **тэтгэлэг** олгодог болсон.

Every year the best university students are given **scholarships**.

Ежегодно лучшие студенты вузов стали получать **стипендию**.

254.   **Ард түмэн – People; Народ**

Төр засаг **ард түмнийхээ** амьдралыг дээшлүүлэхэд анхаарах цаг болсон.

It's time for the authorities to improve their **people's** lives.

Настало время позаботиться государству об улушении жизни своего

народа.

255.   **Ихэнх нь – Majority; synonym: Дийлэнх нь, Большинство**

Одоо үед монголчуудын **ихэнх нь** дунджаар хоёр хүүхэдтэй.

Most Mongolian families nowadays have two children on average.

Большинство монголов в наши дни имеет в среднем двое детей.

256.   **Шагнал – Award; Премия, награда**

Би амьдралдаа төрийн хоёр **шагнал** авч байлаа.

I have received two government **awards** during my life.

Я получила две государственные **награды** в своей жизни.

257.   **Өрсөлдөх – To compete; Состязаться, соревноваться**

Хүүхдүүдийг хооронд нь их **өрсөлдүүлэх** нь эрүүл бус хандлага гэж үздэг

байна.

It is considered unhealthy for children to compete with each other all the time.

Заставлять детей всё время **соревноваться** между собой считается нездровой тенденцией.

258. **Эрүүл – healthy; Здоровый/-ая/ые**

Эрүүл биед саруул ухаан оршино гэдэг.

Healthy body - healthy mind. /Sound body- sound mind.

Здоровое тело - здоровый ум.

259. **Өдөржингөө – All day long; Целый день**

Заримдаа би **өдөржингөө** компьютер шагайж суудаг.

Sometimes I spend at the computer **all day long.**

Иногда я **целый день** провожу перед компьютером.

260. **Арга хэмжээ – Measure, step; Мероприятие, шаг**

Энэ цар тахалтай тэмцэхэд засгийн газар маш чухал **арга хэмжээнүүд** авч ажиллаж байна.

The government takes important **measures** to fight the pandemic.

Правительство предпринимает очень важные **мероприятия** в борьбе с пандемией.

261. **Ядуу зүдүү – Poverty; Бедность**

Залхуу хүмүүс **ядуу зүдүү** амьдардаг гэж сонссон.

It's said that laziness is the source of **poverty**.

Мне довелось слышать, что **бедность** – удел ленивых.

262. Уулзалт – **Meeting, appointment;** Собрание, встреча

Энэ хэцүү цаг үед төрөл бүрийн **уулзалт** цуглаан, сургалт явуулахыг

хориглосон.

In this difficult time all sorts of **meetings** and trainings are banned.

В эти трудные дни проведение различного рода **собраний** и обучении

воспрещено.

263. **Найз нөхөд** – **Friends;** Друзья

Сайн **найз нөхөд** муу ах дүүгээс дээр байдаг.

Good **friends** are better than the bad relatives.

Хорошие **друзья** лучше плохих родственников.

264. **Хүмүүжил** – Upbringing; Воспитание

Хүүхдийн **хүмүүжилд** багаас нь анхаарах хэрэгтэй.

Children's **upbringing** should be given importance from their early years.

Надо с ранних лет заботиться о **воспитании** детей.

265. Худалдаа – **Trade;** Торговля

Сүүлийн хоёр жилд цахим **худалдаа** бидний амьдралд чухал байр суурь

эзлэх боллоо.

Online **trade** has become an important part of our life last two years.

Интернет- **торговля** заняла большую роль в нашей жизни за последние 2 года.

266. **Сургалт – Training; Обучение**

Дэлхий даяар цахим **сургалт** улам түгээмэл болж байна.

Online **training** has become popular around the world.

Онлайн **обучение** стала популярной во всём мире.

267. **Амралт – Holiday; Отдых, праздник**

Монголд жилд албан ёсны арав гаруй **амралт**, баяр ёслолын өдөр тохиодог.

In Mongolia there are more than ten official **holidays** and celebrations a year.

В Монголии существует более десяти официальных **праздничных** дней в году.

268. **Шашин – Religion; Религия**

Монголчуудын дийлэнх хэсэг буддын **шашин** шүтэж ирсэн.

Majority of Mongolians are the followers of Buddhist **religion.**

Большинство монголов исповедуют буддистскую **религию**.

269. **Бичиг баримт – Document, fact; Документ**

Хүн бүр хаа явсан газраа хувийн **бичиг баримтаа** биедээ авч явах ёстой.

Everyone has to carry everywhere the **document** that identifies him/her.

Каждый должен иметь при себе где бы он не был **документ,**

подтверждающий его личность.

270. **Бодлого – Policy; Политика**

Төр засаг оновчтой **бодлого** хэрэгжүүлснээр л улс орон хөгжиж цэцэглэнэ.

Only government's sensible **policy** can lead to prosperity of the country.

Только разумная государственная **политика** ведёт к процветанию страны.

271. **Вакцин/Вакцинжуулалт – Vaccine/vaccination; Вакцина/Вакцинация**

Сүүлийн үед хэд хэдэн орон Ковид-19-ийн эсрэг **вакциныг** хийж эхэлсэн.

Recently several countries started **vaccination** of their population against Covid-

19.

Несколько стран начали **вакцинацию** своего населения против

коронавируса в последнее время.

272. **Нас – Age; Возраст**

Хүмүүс "**Нас** бол зөвхөн тоо" гэж ярьдаг.

There is a saying "**Age** is only a number".

Существует поговорка "**Возраст**- это только цифра".

273. **Боломж – Opportunity; Возможности/и**

Өнөө үеийн залууст сурч боловсрох өргөн **боломж** байна.

Young people today have a lot of **opportunities** to educate themselves.

У сегодняшней молодёжи имеются широкие **возможности** для

самоусовершенствования.

274. **Түлш – Fuel; Топливо**

Өвөл болоход Монголд гэр хороололд **түлшний** асуудал их хурцаар

тавигддаг.

Fuel for heating gers and houses becomes a very serious problem in winter in

Mongolia.

Зимой проблема **топлива** для отопления гэр и домов станвится острой

проблемой в Монголии.

275. **Ядуурал – Poverty; Бедность**

Монголд **ядуурлын** түвшин өндөр байна.

Poverty rate is high in Mongolia nowadays.

В эти дни уровень **бедности** высок в Монголии.

276. **Хөл хорио – Lock down; Карантин, самоизоляция**

Ковид-19 гарснаар олон оронд **хөл хорио** тогтоогоод байна.

A lot of countries imposed **lockdown** in their countries in connection with the

Covid-19.

Многие страны мира ввели **карантин** в своей стране в связи с

коронавирусом.

277. **Өдөр тутам – Everyday; Ежедневно/ежедневный**

Хуучин цагт бид **өдөр тутам** сонин уншдаг байлаа.

In the past we used to read newspapers **everyday.**

В прошлом мы читали газеты **ежедневно.**

278. **Мэдээ – News; Новости, информация**

Би зурагтаар өдөр тутмын **мэдээ** л голдуу хардаг.

I usually watch only everyday **news** on TV.

Я смотрю обычно только ежедневные **новости** по телевизору.

279. **Олон нийт – Public; Публика**

Фейсбук гарч ирснээр өргөн **олон нийт** их мэдээлэл авах боломжтой

болсон.

With the advent of Facebook, general **public** has had access to a great deal of

information.

В связи с появлением Фэйсбук широкая **публика** получила доступ к

огромному количеству информации.

280. **Цар тахал – Pandemic; Пандемия**

Сүүлийн нэг жил "**цар тахал**" гэдэг үг бидний өдөр тутмын амьдралын нэг

хэсэг болсон.

The word "**pandemic**" has become a part of our everyday life for the last year.

Слово «**пандемия**» стало стало частью нашей повседневной жизни за

последний год.

281. **Цаг агаар – Weather; Погода, климат**

This winter **weather** in Mongolia is much colder than last year.

Энэ өвөл Монголд **цаг агаар** өмнөх жилээс илүү их хүйтэн байна.

Климат в Монголии этой зимой намного холоднее, чем в прошлом году.

282. **Тусламж – Help, aid, assistance; Помощь**

Монгол улсад гадаад орнуудаас их **тусламж** ирдэг.

Mongolia receives a lot of **aid** from foreign countries.

Монголия получает большую **помощь** от зарубежных стран.

283. **Халамж – Care, welfare; Забота, благосостояние**

Монголын засгийн газар ард түмнийхээ **халамжид** нилээд мөнгө

зарцуулдаг.

The Mongolian government spends a lot of money on their people's **welfare**.

Правительство Монголии тратит много денег на **благосостояние** своего

народа.

284. **Дэглэм – Regimen, routine; Режим**

Аливаа өвчний үед нарийн зөв **дэглэм** барих нь чухал.

It is important to observe a correct and strict **regimen** during any disease.

Необходимо соблюдение правильного и строгого **режима** при любой

болезни.

285. **Амьдрал- life; Жизнь**

Хүн аз жаргалтай **амьдрах** эрхтэй.

One has the right to live a happy **life.**

Каждый имеет право на счастливую **жизнь.**

289. **Чөлөөт цаг – Leisure time; Свободное время**

Чөлөөт цагаа **үр бүтээлтэй** өнгөрүүлэх нь чухал.

Spending one's **leisure time** fruitfully is significant.

Важно проводить **свободное время** эффективно.

290. **Найз нөхөд – Friends; Друзья**

Үнэнч сайн **найз нөхөд** хүний амьдралд хамгийн хэрэгтэй.

Having loyal and good **friends** is most important in one's life.

Верные и хорошие **друзья** необходимы в жизни человека.

291. **Цахим сургалт – Online education, training; Онлайн обучение**

Сүүлийн хоёр жилд **цахим сургалт** Монголд эрчимтэй хөгжиж байна.

Online education has developed in Mongolia intensively for the past two years.

Онлайн обучение интенсивно развивается в Монголии за последние два

года.

292. **Нүүдэлчин – Nomad; Кочевник**

Монголчууд одоо хүртэл **нүүдэлчин** ахуй соёлоо хадгалсаар байна.

Mongolians still keep their **nomadic** lifestyle and culture.

Монголы до сих пор хранят их **кочевнический** быт и культуру.

293. Шударга ёс - Justice; Справедливость

Шудрага ёс гэж их ярьдаг боловч амьдралд тэр болгон хэрэгжидэггүй.

There is a lot of talk about **justice**, but not always in practice.

Очень часто говорят о **справедливости**, но на практике не всегда она соблюдается.

294. Нэртэй, нэрд гарсан- Popular; Известный, популярный

Монголчууд дэлхийн **нэртэй** олон брэндийг мэддэг болсон.

Mongolians have become familiar with a lot of **famous** international brands.

Монголы знакомы со множеством всемирно **известных** брендов.

295. Хэл – Language; tongue; Язык

Гадаад **хэл** сурах нь хүний ажил амьдралд их хэрэгтэй.

Learning a foreign **language** is very important in one's work and life.

Знание иностранных **языков** очень полезно в жизни и работе.

296. Хуримтлал – Savings; Сбережения

Хуримтлалын ач холбогдлыг мэддэгүй хүн олон байдаг.

A lot of people do not understand the importance of having **savings.**

Существует много *людей,* недооценивающих значимость **сбережений.**

297. Хүлээн авах – To accept; receive; Принимать

Монгол улс одоо Ковидын эсрэг вакцинаа **хүлээн авч** байна.

Mongolia is **receiving** vaccines against Covid these days.

Монголия **принимает** сейчас вакцины против коронавируса.

298. Компани - Company; Компания

Монголд гадаадын маш олон **компани** байдаг.

There are many foreign **companies** in Mongolia.

В Монголии много иностранных **компаний.**

299. Итгэл найдвар – Hope; Надежда

Хүн хэзээ ч **итгэл найдвараа** алдаж болохгүй.

One should never lose a **hope.**

Человек никогда не должен терять **надежду.**

300. Чанар – Quality; Качество

Герман бараа бол **чанарын** стандарт байдаг.

German goods symbolize **quality** standards.

Изделия немецкого производства символизируют эталон **качества.**

ABOUT THE AUTHOR

BATJARGAL Damdinjav was born in Mongolia and lives in Mongolia.

She is a Russian language translator & English language teacher. Batjargal is a co-author of the first national English language textbook series for Mongolian secondary schools. She has taught foreign languages to Mongolian college students for more than twenty years.

Batjargal has PhD degree in linguistics and she holds the title of Associate Professor.

Batjargal has been teaching online her native Mongolian to foreigners for the past five years.

Author's e-mail address: dzanka228@gmail.com